おべんとう

小西英子 さく　福音館書店

おべんとうばこ　よういして
さあて　なにから　いれようか？

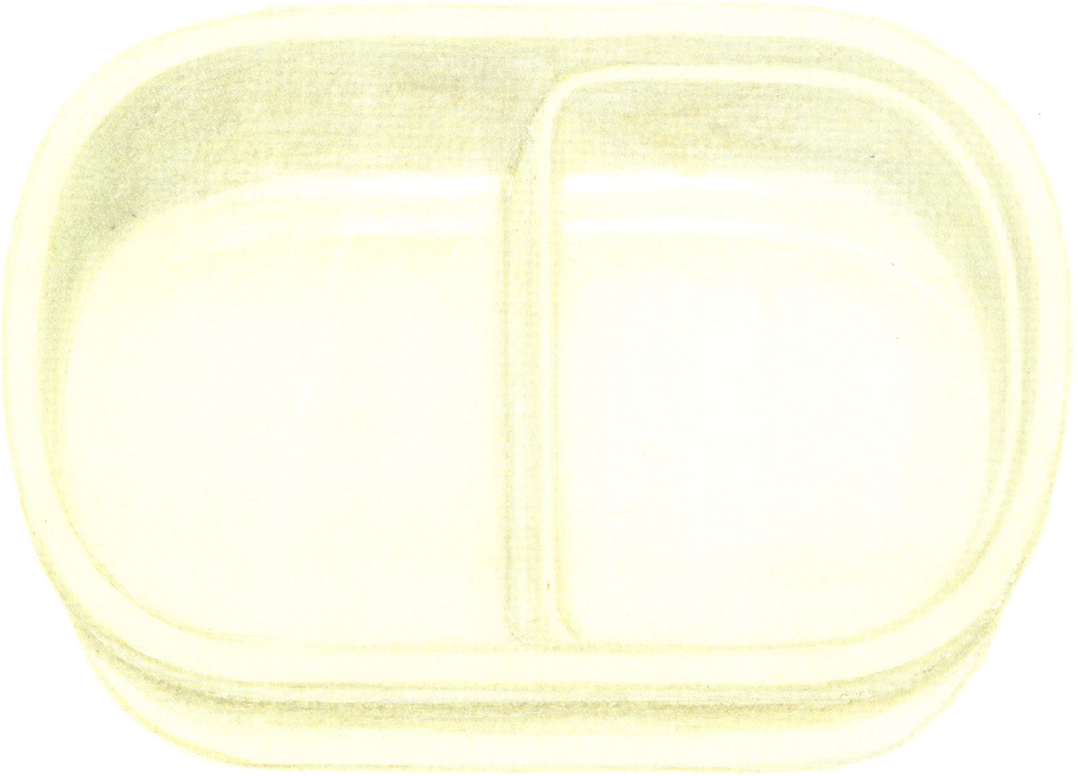

いちばん　さいしょに　いれるのは

ふっくら　ほかほか　たきたてごはん

つぎに　あつあつ　ミートボール

それから　ふんわり　たまごやき

じゅうじゅう　ぷりぷり　ウィンナー

ほっこり　みどりの　ブロッコリー

まるくて　あまい　にんじん　いれて

じゃがいも　たっぷり　ポテトサラダ

ごまを　ぱらぱら　ふりかけて

さいごは　デザート！

まっかな　いちご

ほうら　できたよ　おべんとう
ほらほら　とっても　おいしそう！